Ainsi va la vie

Lili a ı

Dominique c   ͢vıars
Serge Bloch

CALLIGRAM

CHRISTIAN GALLIMARD

Série dirigée par Dominique de Saint Mars

© Calligram 2014
Tous droits réservés pour tous pays
Imprimé en Italie
ISBN : 978-2-88480-671-8

5

7

C'est dur de ne pas être invitée à un anniversaire... parce que je ne suis pas comme elles !

Tant mieux si tu n'es pas comme elles !

Je n'en peux plus qu'elles m'appellent Marion la châtelaine... C'est vrai, un jour j'ai menti, j'ai dit que j'habitais cette grande maison...

Tu sais, Marion... Elles sont bêtes ET méchantes !

* Retrouve Marion dans Max et Lili aident les enfants du monde.

8

9

11

13

15

* Big is beautiful, en anglais, veut dire : Gros, c'est beau !

17

*Diner is ready, en anglais, veut dire : Le dîner est prêt.

18

*Plouc : qui n'est pas à la mode, qui ne sait pas se tenir comme il faut.

19

20

23

* Retrouve-les dans les N° 43, 82, 95, 61, 19 et 90.

En plus, nos parents n'ont pas d'amis ! Ils ne sont jamais invités !
Au petit déjeuner, on dirait des ploucs !

T'as oublié qu'ils s'entendent bien, qu'ils pensent même pas au divorce, eux !

Te moque pas ! Je parle sérieusement.

La famille, on la choisit pas ! On n'a pas à en avoir honte !

Pff ! T'es trop petit ! La honte, le regard des autres, tu sais même pas ce que c'est !

LA NUIT A PORTÉ CONSEIL À MARION...

UNE SEMAINE PLUS TARD...

Maman, ne sois pas triste ! On est bien mieux sans la voiture... Marcher à pied, c'est plus écolo et meilleur pour la ligne ! Après tout ce caviar et ce foie gras, on a besoin d'exercice, non ?

* *Loosers, en anglais, veut dire : les perdants.*

29

Vous pensez que j'ai de la chance...
Vous ne connaissez pas ma mère !
Elle ne pense qu'aux apparences,
à ce que les gens disent d'elle.
Elle court après des rêves
qui ratent, des amis
qui la laissent tomber...
Elle est trop gaie
ou trop triste...

C'est moi qui lui remonte le moral...
Et à l'école, je frime pour cacher ma
honte... ou ma tristesse.

Pourquoi
tu ne nous
l'as jamais dit ?
Alors, c'est pour ça
que t'es souvent...

30

31

* Un volet, au Moyen Âge, était une passoire pour trier les graines :
les invités sont sélectionnés. **32**

33

35

Moi, j'ai honte de ma famille depuis qu'on a divorcé...

Et moi, quand ma mère m'empêche d'aller chez une copine en me disant que sa famille n'est pas bien... pas comme nous...

Moi, j'aimerais être comme les autres...

J'ai honte de ma grand-mère qui parle mal. Elle dit « je suis été voir une amie ».

Oh là là... on intervient ?

37

Et toi...

Est-ce qu'il l'est arrivé la même histoire qu'à Lili ?
Réponds aux deux questionnaires...

Tu la trouves nulle, différente, mal habillée, bête,
bling-bling, pauvre, malade, sans amis, violente ?

Tes parents ont peur de ce qu'on dit d'eux ? Ils ont souffert
de quelque chose ? Tu ne veux pas leur faire de peine ?

Tu te sens inférieur, supérieur, différent ? On te critique
par derrière ? On se moque de toi ? Un mot t'a blessé ?

Tu trouves que tes copains ont une vraie famille, une maison ? Leurs parents ont un meilleur travail, plus d'amis ?

Tu n'en parles pas ? Tu n'invites pas chez toi ? Si tu en as parlé, on t'a rejeté ou mieux accepté et aimé ?

Ça te rend timide ? agressif ? Ça te freine ou ça te donne envie de te dépasser, de réussir, de changer la société ?

Ça t'est égal si ta famille n'est pas comme les autres ?
Tes parents aussi ? Ils s'acceptent comme ils sont ?

Si on s'en moque, tu rigoles, tu sais que la vie change ?
Tu te moques des autres à cause de leur famille ?

Tu es fier de ta famille, de ta culture ? Tu as envie de la
faire connaître ? Tu invites souvent tes copains chez toi ?

Tes parents, même s'ils ne s'expriment pas bien, suivent ton travail, viennent à l'école, font partie d'associations ?

Tu as questionné tes grands-parents pour comprendre l'histoire de ta famille et sa place dans la société ?

Tu choisis des copains qui te ressemblent ou tu as des copains de familles et d'origines différentes des tiennes ?

**Après avoir réfléchi
à ces questions
sur la honte,
tu peux en parler
avec tes parents ou tes amis.**

Dans la même collection